Made in the USA
Las Vegas, NV
04 May 2022

48403359R00118